把劳动和教育结合

具有共产主义品德和

年青一代的根本道

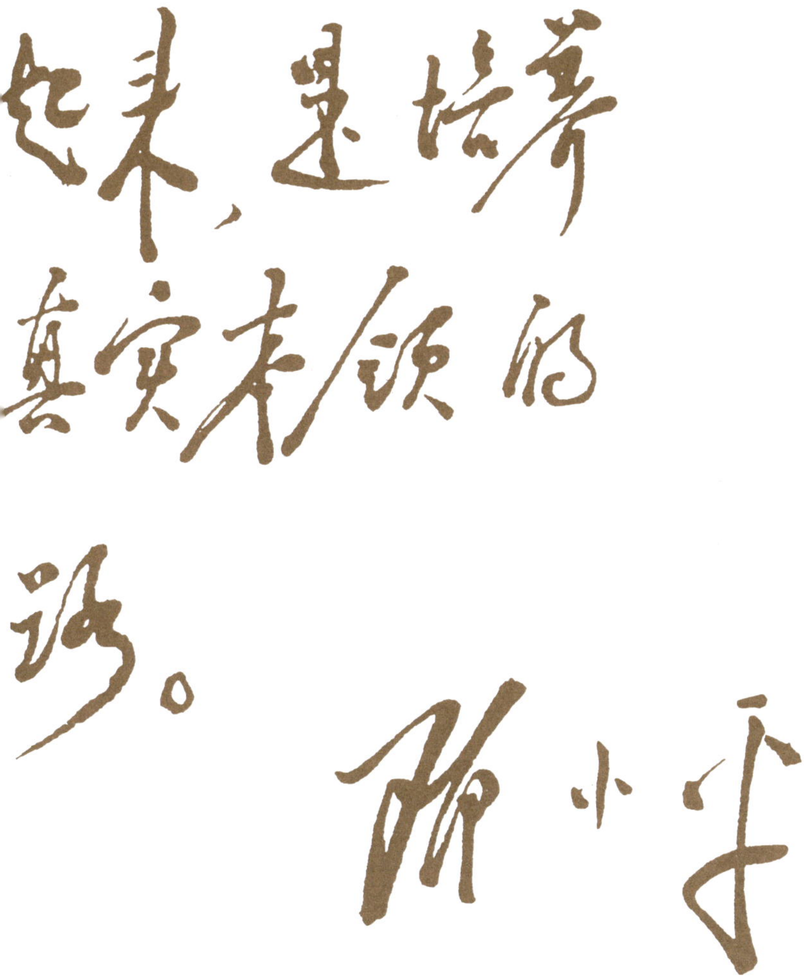
邓小平

共和国领袖的故事

邓小平的故事

李　琦　梁平波　主　编
奚天鹰　刘　敏　副主编

浙江人民美术出版社

序　言

习近平总书记指出，毛泽东同志等老一辈革命家，都是从近代以来中国历史发展的时势中产生的伟大人物，都是从近代以来中国人民抵御外敌入侵、反抗民族压迫和阶级压迫的艰苦卓绝斗争中产生的伟大人物，都是走在中华民族和世界进步潮流前列的伟大人物。他们为中国革命、建设、改革，为中国共产党建立、巩固、发展做出了重大贡献。他们身上所展现的高尚品德和优良作风，是弥足珍贵的精神财富，受到一代代中国人的敬仰和尊崇。

这套《共和国领袖的故事》精选毛泽东、周恩来、刘少奇、朱德、邓小平、陈云同志等六位共和国领袖一生中最具独特品质和个人魅力的日常故事，按照亲密战友、忘我工作、平凡生活三条隐含线索来组织内容，通过一个个真实的故事，图文并茂地反映出共和国老一代领导人的高尚人格和崇高精神。透过这些历史的剪影，我们得以近距离地了解伟人的人生修养和思想境界。

恰逢新中国成立七十五周年及本书初次出版三十周年，回看这些生动朴素的故事和令人难忘的照片，可以帮助我们更好地感悟中国共产党人的政治品格、价值追求和精神风范，激励我们坚定理想信念、砥砺初心使命，在奋进新征程的道路上踔厉奋发、勇毅前行。

梁平波

2024 年 5 月

初版序言

毛泽东和以他为核心的党的第一代中央领导集体的重要成员周恩来、刘少奇、朱德、邓小平、陈云，是中国共产党和中华人民共和国的卓越领导人，邓小平又是党的第二代中央领导集体的核心。他们为中华民族的独立、富强奋斗了几十年，开创了中国革命的道路和中国建设社会主义的道路，建立了不朽的功绩。

有许许多多的摄影家，用他们的辛勤劳动，留下了这些老一辈革命家的一个又一个历史瞬间。这每一个历史瞬间都凝结着一个动人的故事。这一个又一个的故事，表现了老一辈革命家的学习、工作、生活及其感情世界。

毛泽东曾对他的老朋友斯诺先生说：从长远来看，将来的后代应当比我们这一代更有知识，正像资产阶级民主时代的人比封建时代的人更有知识一样。他们的判断将占优势，而不是我们。

在共和国建国四十五周年之际，我们编辑了这套故事丛书，把一个个历史瞬间及其所凝结的一个个动人的故事，奉献给青少年朋友们，相信青少年朋友们会做出自己的判断。

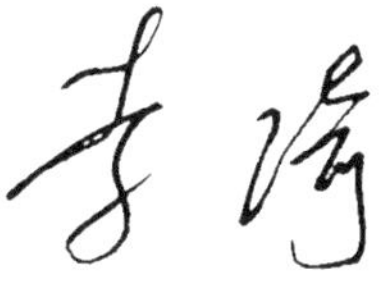

1994 年 6 月

目 录

邓小平与毛泽东

邓小平第一次见到毛泽东是 1927 年在汉口召开的八七会议上。但当时他们没有多少交往。八七会议后，毛泽东回湖南领导秋收起义，邓小平随中央机关迁往上海。1931 年秋，邓小平和毛泽东再次相会于中央苏区。由于邓小平坚决执行以毛泽东为代表的正确路线，被当作“毛派”分子，受到当时“左”倾路线的排挤和打击。这是邓小平政治上经受的第一次磨难。

在抗日战争和解放战争中，邓小平坚决贯彻毛泽东的军事思想，他和刘伯承一起率部挺进大别山，渡过长江，进军大西南，一直把红旗插上喜马拉雅山，成为新中国的开国元勋，深得毛泽东的赏识和信任。毛泽东曾称赞邓小平“无论是政治，还是军事，论文论武，邓小平都是一把好手”。

新中国成立以后，在党的七届七中全会讨论八大的组织人事安排时，毛泽东力荐邓小平担任总书记一职。他说：我看邓小平这个人跟我一样，不是没有缺点，但比较公道，有才干，能办事，比较顾全大局，犯了错误对自己很严格。毛泽东对其他领导人也有过不少肯定的评价，但得到他这样高的评价的人却为数不多。

毛泽东器重邓小平，邓小平也非常尊敬毛泽东。在我们党内，邓小平是较早提出毛泽东思想的主要领导人之一。1943 年 11 月 10 日，邓小平在北方局党校整风动员会上的讲话中，高度赞扬毛泽东的正确领导，他说：“我党自 1935 年 1 月遵义会议之后，在以毛泽东为首的党中央领导之下，彻底克服了党内‘左’右倾机会主义，一扫主观主义、宗派主义和党八股的气氛，把党的事业完全放在中国化的马列主义，即毛泽东

邓小平与毛泽东　1960 年

思想的指导之下……现在我们有了这样好的党中央，有了这样英明的领袖毛泽东同志，这对于我们党是太重要了。”

邓小平敬重毛泽东，但对毛泽东并不迷信，他在第三次复出后，敢于明确地指出和坚决地纠正毛泽东晚年的错误，并明确提出要完整准确地理解毛泽东思想，继续高举毛泽东思想的伟大旗帜。他认为，毛泽东虽然在晚年犯了严重的错误，但是就他的一生来看，其功绩远远大于其过失。邓小平对毛泽东的实事求是的评价，深为中国人民所称道。

张爱茹／文

邓小平与周恩来

邓小平与周恩来是在法国勤工俭学时相识的。在那里，邓小平受周恩来的影响走上了革命道路，两人在共同的革命工作中建立了兄弟般深厚的革命情谊。

从此，这种兄弟之情、战友之谊，把两位无产阶级革命家紧紧联系在了一起。他们患难相依，生死与共。

在长达半个世纪的革命岁月里，邓小平一直是周恩来的忠诚战友和得力助手。他始终把周恩来当作一位值得信赖和尊敬的兄长。他曾同意大利女记者法拉奇谈周恩来：“对我来说他始终是一个兄长。我们差不多同时期走上了革命道路，他是同志们和人民尊敬的人。”

周恩来非常赏识邓小平的魄力和才华，对邓小平充满信任。“文化大革命”中，邓小平被定为“党内第二号走资派”，周恩来仍然坚定地相信邓小平是个好同志。当街头贴满“打倒刘邓”的大标语，邓小平被隔离审查时，周恩来一直在暗中保护着他。当邓小平全家被遣送到江西劳动改造时，周恩来专门打电话给江西省革委会，对邓小平一家的安排做出特别的交代和具体指示，要求尽可能给予照顾。林彪阴谋败露坠机身亡以后，周恩来又抓住时机，做了种种努力，终于在 1973 年使邓小平得以第二次复出，代替病重的自己主持中央的日常工作。

姜淑萍 / 文

邓小平与周恩来　1963 年

邓小平与三中全会

这是邓小平和陈云在十一届三中全会上的照片。邓小平和陈云等老一辈革命家为中国实现伟大的历史转折，开辟新的历史时期，做出了巨大的贡献。

1976 年 10 月，粉碎“四人帮”，结束了“文化大革命”的十年内乱，天安门广场再次扬起欢歌笑语。然而，历史的惯性使中国社会按原来的轨道继续滑行着。当时推行“两个凡是”的方针，仍然坚持“以阶级斗争为纲”的“左”倾错误。

在这个关系着党和国家发展的关键时刻，邓小平第一个站出来批评“两个凡是”，指出“两个凡是”不符合马克思主义。

在邓小平等老一辈革命家的热情支持下，一场关于真理标准问题的讨论在中华大地迅速展开，冲破了长期以来禁锢人们思想的僵化局面，这种思想路线上的拨乱反正，成为十一届三中全会的先导。

1978 年 12 月，中共十一届三中全会胜利召开。会议前夕，邓小平在中央工作会议上作了《解放思想，实事求是，团结一致向前看》的讲话。这个讲话实际上成为三中全会的主题报告，为三中全会提供了基本指导思想。三中全会果断地抛弃了“以阶级斗争为纲”的口号，做出了把工作重点转移到社会主义现代化建设上来的战略决策，从而开辟了中国走向改革开放和社会主义现代化建设的新时期。

武市红 / 文

邓小平和陈云在十一届三中全会上　1978 年

刘邓不可分

刘伯承和邓小平的关系密不可分。

刘伯承病逝后，邓小平曾撰文深情地回忆同刘伯承的关系：“我认识伯承，是 1931 年在中央苏区。初次见面，他就给我留下忠厚、诚挚、和蔼的深刻印象。我们一起工作，是 1938 年在八路军一二九师，一个师长，一个政治委员，以后在晋冀鲁豫野战军、中原野战军、第二野战军，前后共事十三年，两人感情非常融洽，工作非常协调。我比他小十多岁，性格爱好也不尽相同，但合作得很好。人们习惯把‘刘邓’连在一起，我们两人心里，也觉得彼此难以分开。”

至今，很多人还清晰地记得刘邓审慎、果断、坚定、勇敢地决定千里跃进大别山，实施战略进攻的决定的那一幕：

1947 年 8 月 6 日，刘邓和几位野战军首长及有关处长、科长干部开会。刘伯承在会议上严肃地宣布：“大军南进，必须立即行动，机不可失，时不我待。”接着，又具体地分析了敌情我情，一口气讲完了自己的决心与部署，心情似乎显得十分轻松。

邓小平仔细地听着，并不时地点点头。刘伯承讲完，他很快地站起来对大家说：“刘司令员的意见和部署非常正确，我完全同意。我们下决心不要后方，直捣蒋介石的心脏大别山，进逼长江威胁武汉三镇和蒋介石的老巢南京，把战线从黄河边向南推进到长江边。”接着，邓小平又说：请李达参谋长立即起草电报，向党中央和军委报告我们的决心和部署。最后，刘邓向所属各部下发预先号令。

中央军委很快复电：“决心完全正确。”“在情况紧急来不及请示时，一切由你们机断处理。”毛泽东称刘邓所部为“刘邓大军”。

邓小平与刘伯承

此后，刘邓指挥所部突破黄河防线，千里跃进大别山，逐鹿中原，决战淮海，飞越长江天堑，乘胜进军西南。刘邓大军名扬天下。

王雁菊 / 文

邓小平与陈毅

邓小平和陈毅在解放战争的岁月里都是总前委的领导成员，他们并肩驰骋疆场，结下了深厚的友谊。加之二人同是留法勤工俭学学生，同是几十年走南闯北却乡音不改的四川人，他们的友谊更深了一层。尽管邓小平性格沉稳内向，少言寡语，而陈毅潇洒豪爽，幽默风趣，但只要两人凑在一起，总是说古道今，谈笑风生。

邓小平和陈毅都对史学抱有浓厚的兴趣，而且都爱好游览名山大川。1949 年 3 月，两人一起到西柏坡参加中共中央七届二中全会。会议结束后，趁着渡江作战前部队休整的空隙，他们在返回前线的途中顺便爬了泰山，到曲阜游览了孔庙，一路上优哉游哉，很是开心，然后满怀激情地奔赴前线。

打下南京后，总前委移至丹阳县。邓小平比陈毅晚两天来这里，到达时已是夜深人静时分。陈毅一时兴起，竟然拉着邓小平跑到街上找铺子吃宵夜。三更半夜的，哪儿还有店开着，他们只碰上一个卖馄饨的挑子。虽然稀里糊涂地吃了一顿馄饨皮与馅的大杂烩，但是难得这样“逃”出来逍遥一次，两人仍感到非常惬意。

解放上海后，陈毅、邓小平的家属也来到了上海，两家同住一幢小楼。紧张的工作之余，邓小平经常和陈毅一起下棋、散步，有时还一起陪客人进餐。按说两位大首长住一个院子会有诸多不便，但他们两家却相处得很和睦。有一天，他们忽然来了兴致，便把各自的夫人和孩子们叫来，亲亲热热地照了这张“合家欢”。

姜淑萍 / 文

邓小平与陈毅两家人亲如一家　1949 年

邓小平与叶剑英

邓小平和叶剑英在战争年代共事不多。但新中国成立后，特别是“文化大革命”以后，两人可谓肝胆相照，共纾国难。

在粉碎“四人帮”的斗争中，叶剑英是主要决策人，他直接做各方面的工作，亲临第一线指挥，起了决定性的作用。

在粉碎“四人帮”的第二天，叶剑英派他的小儿子叶选廉驾车到三〇一医院，把还在软禁中的邓小平偷偷接到他的住处。两人见面，万分激动。邓小平叫了一声“老兄”，两人的手便紧紧握在了一起。不久，叶剑英又将邓小平的全家由城里搬到西山 25 号楼，还为邓小平领取了一套文件。

为了邓小平的第三次复出，叶剑英多次找华国锋谈话。他说：小平同志具有治党、治国、治军的全面经验，是我们党内难得的人才。毛主席、周总理多次称赞过他。现在，党内、军内的绝大多数同志，全国的人民群众，都强烈要求让小平同志出来工作。我们应该顺应民心，顺应潮流，尽快把小平同志请出来。然而，他的正确意见没有被采纳。此后，叶剑英和党内许多同志继续坚持让邓小平出来工作。1977 年 7 月，党的十届三中全会正式通过了《关于恢复邓小平同志职务的决议》。

邓小平恢复党中央和中央军委的领导职务后，在指导和推动全党进行拨乱反正，重新确立马克思主义的思想路线、政治路线和组织路线的过程中，起了关键性的作用。1980 年底，叶剑英在中央政治局的一次重要会议上，再一次对邓小平的功绩做了高度评价。他说：“大家知道，小平同志在历史上对党做出过杰出的贡献。粉碎‘四人帮’以后，在每一个重要关口，他都敏锐、果敢地提出一些正确的决策和主张。在我看

邓小平与叶剑英　1978 年

来，小平同志具有安邦治国的卓越才能，他当全党的‘军师’和全军的统帅是当之无愧的。”此后，我们党逐步形成了以邓小平同志为核心的党的第二代中央领导集体。

叶剑英比邓小平年长几岁。邓小平非常尊敬这位在历史的重要转折关头，多次为党和人民建立功勋的老战友，亲切地称呼他“老帅”。1977 年 4 月 28 日，叶剑英八十寿辰时，邓小平还和夫人到他家里向他表示祝贺。

张爱茹 / 文

五人总前委

这是总前委五名成员唯一的合影。1948 年 11 月 16 日，中央军委决定由刘伯承、陈毅、邓小平、粟裕、谭震林五位同志组成一个总前委。

以邓小平为书记的总前委，指挥着人民解放军中原野战军、华东野战军（后改称第二野战军、第三野战军）两大野战军发起淮海战役，取得了巨大胜利。斯大林得知后，非常赞赏。他在记事本上写下“六十万战胜八十万，奇迹，真是奇迹”。以后他还说过，淮海战役是世界战争史上少见的，值得世界各国人民学习研究。

总前委五人合影是在淮海战役期间留下的。那是 1948 年 12 月 17 日，刘伯承、陈毅、邓小平赶赴设在安徽省萧县西南蔡洼的华野指挥部，同正在那里指挥作战的粟裕、谭震林会合。粟裕一见到刘伯承就感慨地说:“我们十七年没有见面了！”随后，大家回忆起长征与南方三年游击战争的经历，又谈到当前淮海战场的胜利及今后向全国的大进军，气氛越来越热烈。然后五人正式开会。

邓小平说，毛主席来电要求五人开一次总前委会议，商议下一步作战计划、休整计划及将来渡江的作战计划，把总前委的意见带到中央去。会议整整开了一天。会议期间，总前委五人走出屋子，在华野指挥部的小土屋前，留下了这张珍贵的合影。他们穿着鼓鼓囊囊的土布棉衣，姿势自然、随便，脸上挂着微笑。

此后，总前委又指挥两大野战军于 1949 年 4 月发起渡江战役，突破敌人的“长江防线”，攻占了国民党反动统治中心南京，解放了苏、浙、皖、赣等广大地区。

王雁菊／文

淮海战役中以邓小平为总书记的五人总前委合影（左起：粟裕、邓小平、刘伯承、陈毅、谭震林） 1948 年

共产党也不忘故旧

邓小平历来重视统一战线工作。他曾说:“我国各民主党派在民主革命中有过光荣的历史，在社会主义改造中也做了重要贡献。这些都是中国人民不会忘记的。”

1949 年 12 月，邓小平带着解放大西南的千军万马回到重庆后不久，便派了西南军区几个同志去看望他当年在留法勤工俭学预备学校读书时的老师汪云松。可汪云松不知凶吉，没敢见。第二天来了辆吉普车把汪云松接到军区。汪云松下车后才知道，原来是当时的西南局第一书记、西南军区政委邓小平请他吃饭。

汪云松回来后很是高兴，逢人便说:“小平真不错呀，我现在才晓得，共产党也不忘故旧。”

1950 年第二届全国政协开会时，汪云松应邀前去北京列席。他回来讲，在中南海怀仁堂开宴会，头一桌的主人是毛主席，小平和他坐在第二桌。宴会后陈毅亲自送他回招待所。

1919 年，身为重庆商会会长的汪云松着手组织成立了留法勤工俭学重庆分会，先任会长，后任留法勤工俭学预备学校董事长。他后来曾说，当时他办学，是想培养搞实业的人，走实业救国的路子，没想到学生中竟有这么多人参加了共产党。

汪老先生爱国，新中国成立后也爱共产党，他把自己珍藏的文物都捐献给了国家。他有一对心爱的古瓷瓶，他在装瓶子的楠木盒子上刻了“东方红”三个字，送给毛泽东作为祝寿之礼。按一般的规矩，中国共产党的领导人是不祝寿、不收礼的；但作为特例，统战部收下了这份珍贵的礼物。

邓小平与民主党派和工商联负责人在一起（右二为荣毅仁，右一为庄希泉） 1981 年

当时在重庆统战部工作的一位同志说，小平同志说过，汪云松为我们培养了两个副总理。这便是邓小平和聂荣臻。

张爱茹 / 文

邓小平与第三代中央领导集体

1989 年 9 月 4 日，八十五岁高龄、具有远大战略眼光的邓小平，经过深思熟虑，向中央请求辞去中央军委主席的职务。

退休，是邓小平多年来的心愿。从他第二次复出主持工作以来，就在着手安排接班人。他提出退休，是为了党、国家和人民的利益，是为了第三代领导集体的锻炼成长。

在辞职书中邓小平写道：党的十三届四中全会选出的以江泽民同志为首的领导核心，现已卓有成效地开展工作。经过慎重考虑，我想趁自己身体还健康的时候辞去现任职务，实现夙愿。这对党、国家和军队的事业是有益的。恳切希望中央批准我的请求。我也将向全国人民代表大会提出辞去国家军委主席的请求。

1989 年 11 月 9 日下午 3 时，中共十三届五中全会进行表决，通过了邓小平辞去中央军委主席职务的请求。

4 时许，邓小平驱车前往人民大会堂。在休息厅里，刚从五中全会会场内出来的中央领导同志纷纷过来同邓小平握手。刚刚当选为中央军委主席的江泽民一步趋前，紧紧握住邓小平的手。他建议几位领导同志一起和邓小平照一张相。当江泽民、杨尚昆、李鹏、姚依林、乔石、宋平、李瑞环、王震、薄一波、万里、宋任穷、胡乔木等十二位同志簇拥着邓小平一字排好后，记者们一拥而上，拍下了这一历史性时刻。

离开的时候，江泽民一直把邓小平送到门口，他再次紧紧握住邓小平的手说：“我一定鞠躬尽瘁，死而后已。”

武市红 / 文

邓小平与江泽民（左一）、李鹏（左二）、乔石（左三）等亲切交谈　1989年

“油印博士”

1920年夏，年仅十六岁的邓小平，抱着满腔热望远涉重洋，到法国勤工俭学。他希望在那里一面做工，一面求学，学点本事回来报效祖国。

邓小平到法国时，正值第一次世界大战结束不久，法国经济十分萧条。尽管邓小平花去大部分时间不断地做工，收入仍然难以糊口。他到学校读书的时间前后只有几个月。冷酷的现实使他出国留学时的理想化为泡影。

然而，一种新的革命思想强烈地吸引了这个年轻人。那时的法国，在俄国十月革命的影响下，工人运动蓬勃发展，马克思主义和其他社会主义思潮广为流行，一批进步的中国留学生先后接受马克思主义而走上革命的道路。

1923年，邓小平在较年长的赵世炎、周恩来等人影响下，参加了旅欧中国共产主义青年团，1924年转为中国共产党党员，并且是旅欧共青团执委会的成员。

当时，旅欧共青团为了帮助在欧洲的中国同志学习理论，主办了《赤光》杂志。这本杂志办得生动活泼，文章切中时弊，对勤工俭学的学生和华人、华工具有强烈的感召力，深受欢迎。

邓小平参加了《赤光》的编辑和撰稿，同时还负责刻蜡版和油印。他和同志们白天做工糊口，晚上通宵苦干。他们身居陋室，吃的是面包，喝的是白水，有时连蔬菜都吃不上。但就是在这样一种艰苦的环境中，他们始终保持着乐观向上的革命热情，努力工作，顽强斗争。

邓小平对他负责的刻写和油印工作极为认真。他刻的蜡版工整秀丽，力透纸背，油印速度快，字迹清晰。于是大家亲切地称他为“油印博士”。

留法勤工俭学时的邓小平，时年十六岁

这个雅号在留法的中国学生中不胫而走，很快传开了。

姜淑萍 / 文

勇挑重担

1947 年 8 月，刘邓大军胜利进入大别山。邓小平在河南光山县北向店，向中原野战军直属队连以上干部做了《目前形势与任务》的报告。这是当时的照片。

那天很热，邓小平满面笑容地站在一张方桌旁，桌上没有讲稿，只有一把水壶，一只水碗，还有随便搭在桌子上的衣帽。邓小平的报告简明扼要、深入浅出，生动风趣的话语不时地引来与会干部的阵阵笑声。

刘邓率部挺进大别山，揭开了中国人民革命战略进攻的序幕。邓小平激动地挥着双臂庄严宣布："我们已经到了大别山，完成了战略任务的第一步。今后的任务是全心全意地、义无反顾地建立和巩固大别山根据地，与友邻兵团配合，全面控制中原。"

针对一些干部不了解坚持大别山的战略意义，邓小平说："我们坚持大别山是啃骨头，兄弟部队就可以吃肉，我们啃的骨头越硬，兄弟部队消灭敌人就越多。所以中央和毛主席评论战局时，第一就讲到中原。"

1947 年 12 月，邓小平力劝年纪较大的刘伯承到淮西去指挥全局，自己和李先念留在大别山坚持斗争。寒冬腊月，邓小平和战士们一样，穿着单薄的棉袄，忍饥受冻，风餐露宿。白天行军，夜晚宿营时，邓小平还点着松明研究敌情，考虑工作。外面天气冷，室内更阴冷。警卫员拿了点老百姓的稻草想给首长烧堆火烤烤手，邓小平说："大家挺得住，我怕什么？群众的草一根也不能拿。"

几十年后，邓小平在北京和原二野的一些老同志回忆当年的艰苦情景，大家仍深情地叫他"邓政委"，邓小平十分高兴，感慨万分地说："整个解放战争，最困难的是挑这个担子，不是说消灭敌人九个半旅是

邓小平在大别山 1947年

挑了重担，主要的是撇开一切困难，坚决地挺进一千里，挑的就是这个重担。”

王雁菊 / 文

捉住老鼠就是好猫

从 1956 年到 1966 年，邓小平当了整整十年总书记。后来他自己说：“在我一生中，最忙的就是那个时候。”十年间，邓小平和中央许多领导人一起对我国的社会主义建设道路进行了不懈的探索，提出了许多重要的正确主张。特别是 1958 年“大跃进”和人民公社运动后，“左”的错误膨胀起来，接着便出现了三年困难时期。为了总结经验，纠正错误，邓小平深入实际，调查研究，提出许多纠正错误的意见和措施。

当时为了尽快渡过困难，把粮食和经济作物的生产恢复起来，农村不少地方自发地实行了“包产到户”“责任到田”“五统一”等生产形式，深受农民欢迎。邓小平认为，这些形式有利于克服当前的困难，可以试行。

邓小平在 1962 年 7 月 7 日接见共青团三届七中全会全体同志时指出，生产关系采取什么形式，要看什么形式是群众愿意接受的，是能较快地恢复和发展生产的。为此他引用了刘伯承过去经常讲的一句话：“黄猫、黑猫，只要捉住老鼠就是好猫。”

这本是一句四川俗语。农人养猫，为的是灭鼠护粮，所以他们并不看重猫的毛色，黄猫也罢，黑猫也罢，只要能捉住老鼠，便是好猫。在战争年代，刘伯承元帅把这句话运用到军事上，意思是，打仗时不讲老规矩，一切看实际情况，打赢算数。这大概也算得上是这位常胜将军常胜的一个秘诀。

邓小平借用这个比喻旨在阐明对生产关系的各种形式应该采取什么样的态度，非常贴切，而且形象生动，表现了他敢于从实际出发的原则立场。这个比喻后来成为邓小平的一句名言。“文化大革命”中“不管

邓小平深入实际，调查研究　1959 年

黄猫、黑猫，只要捉住老鼠就是好猫”被指责为“唯生产力论”，“黄猫黑猫”也被演绎为“白猫黑猫”遭到错误的批判，但是真理终究会战胜谬误。党的十一届三中全会以后，农村改革及其带来的巨变，又一次证明了它的正确性。

姜淑萍 / 文

不吃食堂也是社会主义

1958年的农村，公共食堂是作为共产主义萌芽而普遍建立的。当时，家家户户都取消了炉灶，不管居住怎样分散，都必须到食堂打饭。“大锅饭”就是这样吃起来的，“共产风”也是这样刮起来的。俗话说，民以食为天。1960年，我国进入困难时期，粮食紧张了，食堂问题就突出地提了出来，成了不可回避的问题。

1961年4月，身为中共中央书记处总书记的邓小平，利用日常工作的间隙，到北京近郊的顺义县进行调查研究。在十五天的时间里，他首先揭开的问题便是食堂问题。

他在北小营召开的大队支书、生产队长参加的座谈会上反复询问：“公共食堂是吃好，还是不吃好？”多数人虽然对吃食堂心里不满意，但不敢说，违心地拼凑吃食堂也不错的理由。随邓小平一起来视察的卓琳在上辇村孙旺家住了一个星期，比较了解情况。她告诉邓小平：“上辇吃食堂是假的，由食堂分粮食，社员自己回家做饭吃。”邓小平肯定了他们的这种做法。他着重指出：“吃食堂光荣，不吃食堂也光荣。吃不吃食堂要由群众决定。”

邓小平来到牛山公社白庙村，看见那里的食堂早停了火，一片荒凉景象。在深入农户访问时，看到一位老大娘在喂羊，猪圈却空着。他问：“您为什么不养猪？”大娘说：“还养猪？人都没吃的呢！”

邓小平觉得问题很严重，因而在桑园村召开的社队干部会上明确表态说：“吃食堂是社会主义，不吃食堂也是社会主义。以前不管是中央哪个文件上说的，也不管是哪个领导说的，都以我现在说的为准。根据群众的意见，决定食堂的去留。”

邓小平担任中共中央总书记时在农村视察

这番话既明确又实在，像一股暖流，温暖了干部群众的心，说出了他们心里想说而不敢说的话。

张爱茹 / 文

三下三上

1977 年，邓小平恢复了领导职务，第三次复出。1978 年，在他的领导下，党的十一届三中全会结束了“以阶级斗争为纲”的错误，把党的工作中心转移到经济建设上来，中国迎来了新的希望。

邓小平有着“三下三上”的传奇经历。

1932 年夏到 1933 年春，蒋介石对红军苏区发动了第四次“围剿”，邓小平坚持毛泽东提出的正确的军事路线，遭到王明等“左”倾教条主义领导人的迫害，不但丢掉了江西省委宣传部长的“官位”，还一度被监管。遵义会议确立了毛泽东的领导地位，邓小平才得到重用。

1966 年“文化大革命”开始，邓小平被当作“党内第二号走资派”打倒，儿女们也遭到各种迫害。1969 年邓小平被流放到江西，生活十分艰难。直到 1973 年 2 月才返回北京，代周总理主持国务院工作。

1976 年 4 月 5 日，天安门事件爆发。本来这是一次人民群众自发地悼念周总理、声讨“四人帮”的正义运动，却被污蔑为“反革命运动”。于是，4 月 7 日邓小平又被撤销了党内外的一切职务，保留党籍，“以观后效”。理由是“中共中央政治局讨论了发生在天安门广场的反革命事件和邓小平最近的表现，认为邓小平问题的性质已经变成对抗性矛盾”。粉碎“四人帮”后，邓小平又出来了，在他的倡导和指引下，中国迅速恢复了生机。

三次被打倒，又三次复出，邓小平以非凡的勇气和能力战胜了政治上的三起三落，赢得了人们的信赖和爱戴。

武市红 / 文

邓小平攥着外孙女的小辫子说:“抓住辫子! ”“文化大革命”中，邓小平正是以不怕被抓小辫子的精神同“四人帮”坚决斗争　1985 年

邓小平和海外华人学者

被毛泽东誉为“人才难得”的邓小平一贯强调全社会要尊重知识、尊重人才。1977 年他在会见丁肇中教授时说，科学是老老实实的事，一点不能弄虚作假。我们一定要搞好科学研究。“四人帮”最蠢，胡说什么知识越多越反动，把知识分子说成是“臭老九”。科学技术是人类共同创造的财富。学会先进的东西才能超过先进。在邓小平的倡导下，尊重知识、尊重人才的良好社会风气在我国逐渐形成，吸引了海外的华人学者。杨振宁、李政道、丁肇中、李远哲、吴健雄、袁家骝等专家和教授纷纷回国讲学。他们要把智慧的花朵移植在祖国大地上开花结果。

看到这么多的海外学者回国，邓小平非常高兴。他深情地说，中华人民共和国改造了旧中国的形象，凡是炎黄子孙，不管穿什么服装，都关心中国的强盛，都为中华民族自豪。每当有海外学者回国，百忙当中的邓小平都要尽量抽出时间亲自会见，感谢这些专家和教授对我国科教事业的关心和帮助，听取他们对我国经济和科教事业的建议。

1983 年，李政道教授的母亲不幸逝世，李政道护灵到苏州安葬。邓小平亲自送花圈以示哀悼。

武市红 / 文

邓小平与杨振宁夫妇在一起　1979 年

细微之处见真情

衣食住行是人类最基本的生活需要。邓小平深知对人口众多的中国来说，“住”是较为突出的问题。粉碎“四人帮”以后，他到全国各地视察工作时，经常抽时间考察当地的市政建设和住宅建设，亲临第一线了解情况，做出了许多重要指示。

1978 年 9 月，邓小平结束了对朝鲜的访问，回国后顺道视察了东北、唐山和天津。当时地震后的唐山人民正在重建家园。邓小平对唐山市的规划做了指示，他说：建设新唐山，市区和工厂都要规划好，要合理布局，整齐干净，解决好污染问题。建筑要美化一点，不要千篇一律，房子周围可以搞些绿化。他来到住宅楼的施工现场，仔细察看后指出：房间的净高可以低一点，使用面积要扩大，水管、煤气管都要安装好，还要考虑淋浴问题。

回到北京不久，邓小平又来到前三门地区参观新建高层住宅楼群。他说：要请一些会挑毛病的人来提提意见，探讨一下怎样把住宅楼建得更好，力求布局合理；增加使用面积，方便住户。他还提出要注意内装修的美观。

细微之处见真情。邓小平关心住房建设，为群众生活想得如此周到细致，令当时聆听他的指示的同志非常感动。

进入 80 年代以后，邓小平对适合不同地区不同居民的需要，多盖房盖好房进一步做出了指示。富有民族特色和地方特色的民用住宅如雨后春笋，出现在中华大地上，人民的住房情况大大改善。

姜淑萍／文

邓小平在天津考察新建的居民住宅区　1978 年

我们现在正合适坐这样的车

1978 年 10 月邓小平访问日本，参加互换中日和平友好条约批准书的仪式。26 日上午 8 点 50 分，也就是访问日本的第五天，在日本“钢铁帝王”、新日钢铁公司董事长稻山嘉宽的陪同下，邓小平一行从东京竹芝码头出发，乘坐气垫船去五十公里外的千叶县君津市参观日本的钢铁大本营——新日钢铁公司君津钢铁厂。

邓小平此次访问新日铁的目的是进一步落实创建上海宝山钢铁厂这一合作项目。他仔细地参观了新日铁承包建设上海宝山钢铁厂任务的模范高炉和号称具有世界水平的 4 号高炉，还看了与新日铁将在 1979 年向武汉钢铁公司出口的轧钢成套设备相同的工厂，历时一小时。

参观后邓小平对稻山谈了这样的感想：“（生产系统）是用电子计算机控制的，所以人很少。我国管理能力差，想学习。”他说：“如果在管理方面不教我们，就不好办了。”他还说：“咱们订一个君子协定。如果（在管理方面）上海搞不好，那就不是学生的责任，而是教师不好。”他用这种半认真半玩笑的话把想讲的都讲出来了。对此，稻山后来多次表示，一定要帮助中国把宝钢建设得比君津钢铁厂更好些。

下午 3 点 12 分，邓小平一行乘新干线“光—81 号”超特快列车前往日本关西地区访问。日本记者要他谈谈对新干线的观感。邓小平触景生情，念念不忘中国的现代化：“就感觉到快，有催人跑的意思，我们现在正合适坐这样的车！”

武市红 / 文

邓小平访问新日钢铁公司君津钢铁厂　1978 年

出访美国

1979年1月29日上午10点整，美国总统卡特在白宫南草坪上为邓小平访美举行隆重的欢迎仪式：红地毯、仪仗队、十九响礼炮。

美国政府是把邓小平作为一个友好国家的政府首脑来接待的。作为资本主义世界中头号的反共国家，美国在历史上几乎很少对一个社会主义国家的领导人给予这么隆重的礼遇。据说当年苏联的赫鲁晓夫要去纽约参加联合国大会，美国移民局坚持要他打指纹才能入境。苏联认为这是侮辱，美国认为这是原则，双方僵持不下。最后，赫鲁晓夫不得不打了指纹才走进联合国。而今天，邓小平的到来却使美国政府打破了对待共产党领袖的惯例。

邓小平这次出访，在美国掀起了全国性的“中国热”。在历时八天的访问中，邓小平不知疲倦、争分夺秒地与卡特总统以及其他美国官员进行会谈；会见了数以百计的议员、州长、市长以及企业界和文教界的知名人士；在不同的场合向数千人直接发表讲话，并回答了一批又一批记者提出的问题。八天中，两千多名新闻记者追踪采访和报道了这一历史性事件，美国三大全国性电视网的黄金时间全部成了“邓小平时间”。

邓小平的传奇性经历、政治家风度和令人喜爱的性格深深吸引了美国人民。他每到一处，都给当地人民带来了愉快和欢乐，每一个人都想见见他，同他握握手，请求他签字留念。这种场面使记者和陪同的美国官员深受感动。世界舆论普遍认为，邓小平这次访问美国所受到的隆重接待和空前欢迎，是近二十年来美国外交史上从未有过的，充分体现了中美两国人民之间的伟大友谊。

武市红／文

邓小平与美国总统卡特站在白宫的阳台上　1979 年

邓小平与哈默博士

1979 年 2 月，邓小平应邀访问美国。在美国南部新兴工业城市休斯敦的一个盛大欢迎晚会上，邓小平与哈默初次相识。说起来，他们的这次相见还颇具戏剧色彩。

亚蒙·哈默是见过列宁的美国企业家，他同苏联历届领导人的关系都非常密切。有鉴于此，当时卡特的顾问们担心他会成为邓小平不欢迎的人，因而拒绝他参加有邓小平出席的各种重大活动，尽管他一直是卡特的积极支持者之一。哈默对此非常恼火，只得略施小计“混”进了宴会厅。

令卡特的顾问们始料不及的是，这位专程从加利福尼亚赶来的不速之客却得到了邓小平的格外青睐。

当译员按惯例向邓小平介绍哈默的经历时，邓小平止住了译员的话，对哈默说：“中国许多人都知道哈默先生，你是列宁的朋友。苏联困难的时候，你帮助过他们。我们欢迎你到中国来访问。”

邓小平的话使哈默非常欣喜，他说：“我很愿意到中国去，可是我年纪太大了，坐一般的民航飞机我受不了。可是中国又不让专机降落。”邓小平听了哈默的话笑了起来，说：“这很简单，你来之前先来个电报，我们会做出安排的。希望你多带专家来。”这第一次见面给哈默留下了非常美好的印象。

三个月以后，哈默的私人飞机降落在北京机场。

当时我国实行对外经济开放政策的时间还不长，许多外商还在等待观望。而哈默带着二十多位专家在短短的一周内便和北京签署了杂交稻种、化学肥料、石油勘探、煤炭开发等多项初步协议，并会见了中国八

邓小平会见哈默博士　1989 年

个部的领导人。

此后，哈默又多次来到中国，每次都得到邓小平的接见。

张爱茹 / 文

让山区人民尽快富起来

四川多阴，素有“蜀犬吠日”之说，然而 1980 年 7 月的四川却是晴空万里，骄阳绚丽。

7 月 9 日，邓小平视察了峨眉机械厂，第二天不顾辛劳又驱车来到成都市郊的簇桥公社，视察农村沼气普及工作。他顶着炎炎的烈日仔细观看，详细询问沼气池的建设和使用情况。当他了解到这个公社采取因陋就简、土洋结合的方法，建一个沼气池只用四十多元时，十分高兴。“很好，这是个方向，可以因地制宜地解决农村能源问题。”他用肯定的语气说道。接着，他转过身问陪同的省市负责人：“全省能不能在 1985 年实现农村沼气化？要好好规划，加快发展。”

邓小平接着又参观了著名的都江堰水利工程和峨眉山旅游区。在峨眉山上他同旅游的人们亲切交谈，了解大家的生产和生活情况。当他看到山上有的地方森林被毁，种上了玉米时，用手指着痛心地说：“这么好的风景区为什么用来种玉米不种树？”他充满感情地说：“山区农村居住分散，生活很苦，政策要放宽，要让山区人民尽快富起来。”

裴淑英 / 文

邓小平在峨眉山向一位老人家问路　1980 年

提倡植树造林

1981 年夏，四川、陕西等地遭受了历史上罕见的水灾。长江、黄河上游发生了特大洪峰，给国家和人民生命财产造成了重大损失。水灾发生后，邓小平特地找到委员长万里说，最近的洪灾关系到林业，关系到木材的过量采伐。是否可以建议全国人民代表大会通过一项议案，规定凡是有劳动能力的中国公民，每人每年都要种几株树，包栽包活，多者受奖，无故不履行此项义务者受罚。总之，要有进一步的办法。不久，五届全国人大四次会议通过了《关于开展全民义务植树运动的决议》。

邓小平是义务植树的倡导者，也是义务植树的积极实践者。每年植树节，他都要拿起铁锹去履行一个普通公民的义务。人大决议实施的第一年——1982 年植树节的前两天，百忙中的邓小平对身边的工作人员说：植树节快到了，我们家今年每人至少要栽三棵树，还要包种包活。3 月 12 日那天，春光明媚，风和日丽，邓小平带领家人前去植树。他精神饱满，种了一棵又一棵，旁人劝他休息一下，他却说："不累。一人栽三棵到五棵，我们要完成任务。"

如今，他亲手栽种的树木已经成材。

武市红 / 文

邓小平带着小孙女种树　1980 年

在新疆牧民家做客

1981 年 8 月，邓小平到新疆视察工作。这是他第一次到新疆。在此之前，邓小平曾多次说过，他有两个地方没去过，一个是西藏，一个是新疆。如今他终于踏上了新疆的土地。

初秋的新疆，绿洲阡陌相连，林带如网，庄稼茂盛茁壮，到处是一派丰收的景象。邓小平在石河子垦区看了使用塑料地膜培植的棉花，参观了石河子八一毛线厂。在吐鲁番看了防风治沙的防护林带，访问了葡萄公社幸福大队，同维吾尔族农民在葡萄架下亲切交谈。

在乌鲁木齐县南山牧场，邓小平兴致勃勃地观看了牧民们举行的赛马、叼羊等精彩表演，还到牧民家中做客。他亲切地拉着哈萨克族牧民的手，同他们拉家常，嘘寒问暖。当主人以民族礼节款待他时，他也礼貌地割下羊耳朵回敬。

张爱茹 / 文

邓小平在新疆牧民家里做客　1981 年

视察经济特区

从1980年到1984年，中国的经济特区经历了从一片空白到初具规模，从没有经验到有一定经验的历程，取得了巨大的成绩，但特区在建设中确实也受到了质疑。中国无数双眼睛在注视着特区这块新土地。邓小平说："办特区是我倡议的，中央决定的，能否成功，我要亲自去看一看。"

1984年1月24日至2月10日，邓小平先后去深圳、珠海、厦门经济特区参观考察。他满意地说："看见了，我都看清楚了。"他欣然为珠海、深圳和厦门经济特区题词："珠海特区好"；"深圳的发展和经验证明，我们建立经济特区的政策是正确的"；"把经济特区办得更快些更好些"。

邓小平从特区看到了中国的未来和希望，坚定了改革开放的决心。回京之后，他同中央一些负责同志座谈，提出要进一步办好经济特区和进一步开放沿海港口城市。他指出："我们建立特区，实行开放政策，有个指导思想要明确，就是不是收，而是放。"他还提出：厦门特区划得太小了，要把整个厦门岛搞成特区；除了现在几个特区之外，考虑再开放几个点，增加几个港口城市。"这些地方不叫特区，但可以实行特区的某些政策。"邓小平还概括了经济特区的作用："特区是个窗口，是技术的窗口、管理的窗口、知识的窗口，也是对外政策的窗口。"通过南方之行，邓小平对特区政策做了高度概括和科学总结，提出了中国经济特区建设的根本方针和完整的指导思想，从而进一步推动了经济特区的发展。

武市红／文

邓小平为深圳经济特区题词："深圳的发展和经验证明，我们建立经济特区的政策是正确的。" 1984 年

计算机的普及要从娃娃做起

1984年2月，邓小平和王震在上海视察。一天，他们来到上海市微电子技术及其应用汇报展览的现场，在听取了有关介绍，参观了展出的图片和实物之后，饶有兴趣地观看计算机操作表演。

为他们表演的是两个孩子。男孩叫李劲，是初中学生，女孩叫丛霖，是小学生，都曾在上海中国福利会儿童计算机活动中心举办的上海市少年计算机程序设计竞赛中获一等奖。

邓小平询问了两个孩子的年龄，当即对在场的上海市负责同志说："计算机的普及要从娃娃做起。"

上海中福会儿童计算机活动中心始终遵循邓小平指出的方向，发掘少年儿童的计算机天赋和才能，为社会培养掌握一定计算机技能的中小学生，成为我国青少年计算机教育的重要国际交流中心。

当年为邓小平表演计算机操作、受到邓小平鼓励的男孩李劲，先后在上海市和全国的计算机竞赛中夺得第一名，高中一年级就被清华大学破格录取，提前两年念完电子工程系后，又用不到半年的时间读完硕士课程，成为我国最年轻的工科博士生。

姜淑萍／文

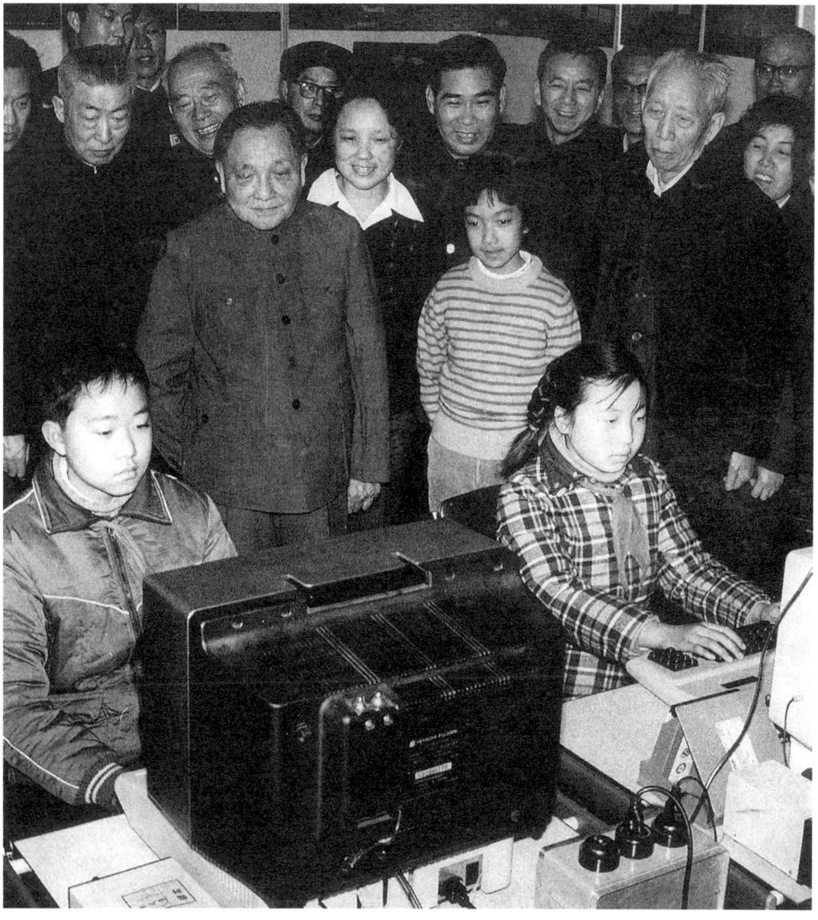

邓小平在上海观看少年儿童计算机操作表演　1984 年

小平您好

1984年10月1日上午10时50分，庆祝中华人民共和国成立三十五周年阅兵式结束后，群众游行在《歌唱祖国》的乐曲声中开始了。天安门广场顿时变成了欢腾的海洋。

继农业队伍、工业队伍、科教队伍之后，大学生队伍走进了天安门广场。北京大学的一群学生亮出了“小平您好”的横幅，中外记者纷纷按动快门，抢下了这个珍贵的镜头。

重视知识分子是邓小平改革开放政策的重要组成部分，知识分子不再是“臭老九”，他们的社会地位得到显著提高。重视科学技术是文明国家的象征，只有尊重科学、尊重知识才能无畏地向四个现代化进军。“小平您好”这四个字表达了知识分子对邓小平最纯朴真挚、最亲切友好的回报。毫不矫揉造作，毫不装腔作势。

这四个字像一阵清风，一扫过去“拥护”“捍卫”的高调，最真实地表达了全国人民对邓小平的敬意。

武市红／文

小平您好　1984 年

统帅与士兵

一辆黑色红旗牌敞篷轿车缓缓地行驶在宽阔的长安街上。挺立在这辆阅兵车上的中央军委主席邓小平在雄壮的阅兵曲中频频挥动右手，向列队的各军兵种指战员致意，并且通过扩音器不断地向指战员们问候："同志们好！""同志们辛苦了！"

身着新式军服的受阅指战员们，显得格外英武潇洒，器宇轩昂。他们放开喉咙响亮地回答："首长好！""为人民服务！"邓小平的声音和指战员们的回答交融在一起，此起彼落，在长安街上空久久回荡。

这是 1984 年 10 月 1 日在北京隆重举行的中华人民共和国成立三十五周年庆祝典礼上蔚为壮观的一幕。

邓小平几十年的革命生涯，与人民军队有着不解之缘。他先后担任过红七军、红八军政委，红军总政治部秘书长，红一军团政治部主任，八路军政治部副主任，第一二九师政委，晋冀鲁豫（中原、第二）野战军政委、总前委书记。毛泽东几次称赞他协助刘伯承打仗卓有战功。新中国建立以后，他又担任国防委员会副主席，中央军委副主席、主席等职务。

1975 年邓小平主持中央工作期间，曾下了很大的决心整顿军队，整顿由于"四人帮"干扰破坏带来的肿、散、骄、奢、惰等问题。

1977 年，当他重新回到中央主持军队工作后，采取了一系列重要措施。

——整顿领导班子，纯洁干部队伍。

——精简军队，提高部队战斗力。邓小平提出：部队要"消肿"，主要是解决军队机构重叠、臃肿，以及指挥不灵的问题。他于 1985 年

邓小平检阅部队　1984 年

6 月宣布人民解放军裁军一百万。1987 年，这一裁军百万的战略性行动胜利完成，其成果令世人瞩目。

确立军队教育训练的战略地位。

加强军事科研工作，改善武器装备。

改革军队编制体制。

培养军地两用人才，发扬人民军队艰苦奋斗的优良传统和作风。

在邓小平的直接领导下，人民军队终于走上了正规化建设的道路。

1929 年邓小平担任红七军政委，时隔六十年，他于 1989 年辞去了他担任的最后一个职务——中央军委主席。但是，他仍然关注着军队的前景。

王雁菊 / 文

我是中国人民的儿子

8 月的北戴河，天高海阔，清风送爽。

1985 年 8 月 2 日下午，邓小平在这里会见了出版世界领袖丛书之一——英文版《邓小平文集》的英国培格曼出版公司的经理罗伯特·马克斯韦尔 行。

马克斯韦尔对邓小平说：“英文版《邓小平文集》第一次印刷的一万册已售完，又重印了两万册。这说明您的书是丛书中最受欢迎的。”

邓小平谦逊地说：“我的东西很平凡，里面没有什么惊人的语言。”

马克斯韦尔用肯定的语气称赞说：“但您的著作是诚实、直率的，是建立在事实和经验之上的。”

邓小平高兴地接过了马克斯韦尔赠送的一本羊皮烫金精装《邓小平文集》，并与马克斯韦尔亲切握手。在镁光灯的闪烁中，照片记载了这一历史的瞬间。

这本英文版的《邓小平文集》，于 1984 年 12 月在伦敦出版。邓小平亲自为这本书作序。在序言中，他充满感情地写道：“我荣幸地以中华民族一员的资格，而成为世界的公民。我是中国人民的儿子，我深情地爱着我的祖国和人民。”

裴淑英／文

邓小平接受培格曼公司赠送的《邓小平文集》 1985 年

“一对一”的电视采访

1986年9月2日上午10时许，中央顾问委员会主任邓小平来到中南海岸边的紫光阁，接受美国哥伦比亚广播公司“60分钟”节目主持人、著名记者迈克·华莱士的电视采访。此前，在邓小平所接见的无数外国记者中，谈话时间最长的是作风泼辣、提问尖锐的意大利记者法拉奇。对1980年8月那次著名的谈话，世界舆论反应极好，认为邓小平交了一份水平很高的答卷。事隔六年之后，他又将面对另一位不易对付的名记者的采访，而且是“一对一”的电视采访。这对这位八十二岁高龄老人的智慧和精力无疑是一次更严格的考试。

邓小平同早早等候在紫光阁的华莱士握了握手。华莱士兴奋地说：“我把今天同您的交谈看成是一次非常难得的机会。因为像您这样的人物，我们记者不太容易得到专访的机会。”邓小平微笑着说：“我只是一个普普通通的人。”

“我希望我们在一起的一个小时对您是有趣的。”华莱士又说。

“我这个人讲话比较随便。因为我讲的都是我愿意说的，也都是真实的。我在我们国内提倡少讲空话。”邓小平坦率质朴的言语，平易近人的风度，使他同华莱士在正式提问开始前的谈话就像老熟人之间的聊天。

在接下来的正式提问中，邓小平谈笑风生，睿智非凡，他回答了华莱士提出的有关中国经济改革、中国的统一、中美关系、中苏关系等方面的问题。

采访结束后，邓小平与华莱士并肩走出紫光阁的大门。望着外面迷人的景色，华莱士不禁说：“瞧，邓主任，多么迷人的秋色啊！你每天工作多长时间？”“两个小时。”“那您其他时间干什么呢？”“读书、运

邓小平接受华莱士采访　1986 年

动和休息，还要和孩子们在一起。”

9 月 7 日晚，哥伦比亚广播公司播放了邓小平接受华莱士采访的全过程。当人们看到那张熟悉的东方人的面容在美国电视屏幕上谈笑风生时，都深深地叹服这位时代风云人物的卓越才能和超人智慧。在此后的一周多时间里，邓小平谈话一直是世界舆论评论的中心话题。

张爱茹 / 文

我想去香港看看

自新中国成立以后，我们党和全国人民热切希望实现祖国统一，并为此努力不懈。作为党的第二代中央领导集体的核心，邓小平亦对中国尚未统一难以释怀。随着时间的流逝，延宕了许久的统一大业使邓小平忧心如焚。他坦率地说："实现和平统一需要一定时间。如果说不急，那是假话，我们上了年纪的人，总希望早日实现。"

为此，他高瞻远瞩，提出了解决台湾问题的"一个国家，两种制度"的伟大构想。这一构想首先运用到香港问题的解决上。根据这一构想，经过谈判，1984 年中英关于香港问题的联合声明终于签署。1997 年，中国将收回香港。这一明智、有远见、富有想象力的构想也得到全世界爱好和平的人们的赞同。日本社会党委员长石桥政嗣曾这样说："中英香港协定是'一国两制'的伟大实验，这不仅对中国实现和平统一和南北朝鲜实现统一产生良好影响，而且作为和平共处五项原则的新发展，会受到世界爱好和平的一切人的高度评价。"

1989 年邓小平退休了，但他还有一个心愿未了。他说："我的最大愿望是活到 1997 年，因为那时将收回香港，我还想去那里看看。"他还说就是坐轮椅也要去，哪怕在香港的土地上站一分钟也好。到那时，他将是九十三岁高龄。殷殷期望，眷眷情愫，充分展示出一代杰出政治家统一祖国的雄心大志，以及那义不容辞地履行实现国家统一的神圣使命的高度责任感。

武市红 / 文

邓小平与出席香港基本法起草委员会第三次代表会议的代表亲切交谈　1989 年

到了深圳坐不住

1992 年 1 月 19 日的深圳迎宾馆，花木葳蕤，喜气洋洋。

这一天，邓小平来到了这里。深圳市的负责同志说：“您从北京来，千里迢迢，先好好休息一下吧。”

邓小平却毫无倦意地说：“不用休息，先出去看看。到了深圳坐不住呀！”

众所周知，邓小平是创办经济特区的主要决策者。1984 年，也是在 1 月，邓小平曾经到深圳、珠海和珠江三角洲视察。一晃八年过去了，深圳的面貌又发生了什么样的变化？老人家迫不及待地要亲自看一看。

这时，邓楠提起 1984 年 1 月 26 日邓小平为深圳特区题词的事。邓小平立刻将题词说了出来：“深圳的发展和经验证明，我们建立经济特区的政策是正确的。”一字未漏，一字不错。在场的人都很佩服他那惊人的记忆力。

车子缓缓地在市区穿行。八年前这里还是水田和鱼塘，现在，宽阔的马路纵横交错，成片的高楼耸入云端，充满了现代化的气息。看着这繁荣兴旺、生机勃勃的景象，邓小平十分高兴。他后来说：“八年过去了，深圳、珠海特区和其他一些地方发展这么快，我没有想到。看了以后，信心增加了。”

武市红 / 文

邓小平南方视察　1992 年

基本路线要管一百年

1992 年 1 月 20 日，深圳国贸大厦迎来了最尊贵的客人。邓小平在省、市负责同志的陪同下乘电梯登上了旋转餐厅。邓小平面窗而坐，市委书记李灏先介绍窗外展现的市容，接着又打开一张深圳市总体规划图，简要地汇报了深圳改革开放和经济建设的情况。

听完汇报，邓小平兴奋地说：深圳的重要经验就是敢闯。没有一点闯的精神，没有一点“冒”的精神，没有一股气呀、劲呀，就走不出一条好路，走不出一条新路，就干不出新的事业。邓小平还说：改革开放迈不开步子，说来说去就是怕资本主义的东西多了，走了资本主义道路。要害是姓“资”还是姓“社”的问题。判断的标准，主要应该看是否有利于发展社会主义的生产力，是否有利于增强社会主义国家的综合国力，是否有利于提高人民的生活水平。对办特区，从一开始就有不同意见，担心是不是搞资本主义。深圳的建设成就，明确地回答了那些有这样那样担心的人，特区姓“社”不姓“资”。

望着窗外的金融大厦、华联大厦、电子大厦、核电大厦、农垦大厦、航空大厦，邓小平更加兴奋。他接着说：要坚持党的十一届三中全会以来的路线、方针、政策，关键是坚持“一个中心，两个基本点”，不坚持社会主义，不改革开放，不发展经济，不改善人民生活，只能是死路一条。基本路线要管一百年，动摇不得。

武市红 / 文

邓小平视察深圳国贸大厦　1992 年

没有去过西藏

1992 年 1 月 21 日，邓小平到深圳的“锦绣中华”微缩景区游览。在“布达拉宫”前，这位一向不爱照相的老人在这里破例同家人及亲属、陪同的负责同志一一合影留念。

邓小平曾多次不无遗憾地说他没有去过西藏。但他对西藏却怀有特殊的感情。因为西藏的和平解放是和邓小平的名字紧紧地连在一起的。

1949 年 12 月中旬，毛泽东在前往莫斯科的途中发出了“进军西藏宜早不宜迟”的号召。不久，这项光荣而艰巨的任务便历史性地落到了刘伯承和邓小平率领的第二野战军的肩上。

当时西藏情况异常复杂，矛盾纵横交错，没有党的组织活动基础，又是少数民族地区，要完成进军任务，进行革命和建设事业，也没有什么现成的经验可以借鉴。邓小平作为西南局第一书记，中央解决西藏问题的直接执行者，始终站在历史的前台，把解放西藏的筹码拨到了和平的天平上。

为了贯彻毛泽东提出的关于在西藏“一切工作必须慎重稳进”的方针，邓小平向进藏部队提出了许多具体的要求。

在宗教这个西藏最敏感的问题上，邓小平更是多次教导进藏部队要切实保护喇嘛寺庙，尊重西藏僧俗人民的宗教信仰，用自身的模范行动增进汉藏民族的团结。

1951 年 9 月，由十八军副政委王其梅率领的先头部队准备进入拉萨前，邓小平专门交代，到拉萨会见达赖喇嘛时，如果他提出来要摸顶，可以不受我们军队纪律的约束，让他摸顶，并代表官兵向他赠送礼品。

邓小平在领导和平解放西藏的过程中所表现出来的坚定的原则性和

邓小平和家人在“锦绣中华”的布达拉宫前合影　1992 年

灵活的工作方法，以及求实务实的精神，给进藏的十八军官兵留下了深刻的印象。

张爱茹／文

搞科技越高越好，越新越好

1992 年 1 月 25 日上午 9 时 35 分，邓小平来到珠海亚洲仿真控制系统工程有限公司参观。

公司总经理游景玉详细地介绍了公司的科研、生产和科技人员队伍情况。当游景玉说亚仿公司走的是一条科技、生产、效益相结合的道路时，邓小平问："你认为科学技术是第一生产力的论断站得住脚吗？"游景玉说："我认为站得住脚，因为我们是用实践来回答这个问题的。我们过去的实践、现在的实践和未来的实践都会证明这个问题。"邓小平接着说："就是要靠你们回答这个问题。我相信它是正确的。"

邓小平听说亚仿公司投产第一年人均产值就达到二十多万元，非常高兴，同时他告诫游景玉，对公司来讲更重要的是水平。近一二十年来，世界科学技术发展很快，高科技领域的一个突破带动了一批产业的发展。要提倡科学，靠科学才有希望。近十几年来我国科技进步不小，希望在 20 世纪 90 年代进步得更快。游景玉告诉邓小平，他们公司一百零五名职工中百分之八十以上是博士、硕士和中高级科技人员。邓小平看着先进的技术设备和良好的工作环境，感慨地说，你们现在的条件比 50 年代强多了。大家要记住那个年代，钱学森、李四光、钱三强那一代老科学家，在那么困难的条件下把"两弹一星"和好多高科技项目搞起来。因此，对你们的要求也应更多更高。

临走时，邓小平一定要握一握年轻人的手。他说，科技的希望在年轻人。搞科技，越高越好，越新越好。越高越新，我们也就越高兴。

武市红 / 文

邓小平参观珠海亚洲仿真控制系统工程有限公司　1992 年

21 世纪靠你们年轻人

1992 年 2 月 10 日上午，邓小平、杨尚昆等来到中外合资上海贝岭微电子制造有限公司视察，与青年科技人员亲切交谈。

测试部女大学生周剑锋见到邓小平就热情地问候：“邓爷爷好！”质量部女研究生华剑萍接着说：“您在我们年轻人心目中是最德高望重的。”邓小平微笑道：“这不好说吧！有一点贡献，做了一点事，很多事情没有做，来不及做，也做不完。”杨尚昆这时问大家：“你们是什么学校毕业的？”“华东师大。”“复旦大学。”“外语学院。”邓小平语重心长地说：“21 世纪靠你们年轻人。”

是的，年轻人是祖国的未来和希望。在南方视察中，年迈的邓小平无时不在关心着年轻人的成长。在珠海亚洲仿真控制系统工程有限公司，邓小平与一位正在操作的复旦大学毕业的年轻人亲切交谈，并握着他的手高兴地说，要握一握年轻人的手，科技的希望在年轻人。

在亚仿公司的大厅里，邓小平主动提出和大家合个影。他慈祥地笑着，耐心等待机房里的工作人员走出来排队照相。照完相将要站起来时，还问大家：照好没有，还照不照？一口川音透着说不尽的亲切。接着他转过身向后排的人伸出了手。立时，在他眼前齐刷刷地伸出一片手臂。他走过来又走过去，握了前排又握后排。他兴奋地说：我很高兴，我们有这么年轻的科技队伍！

武市红／文

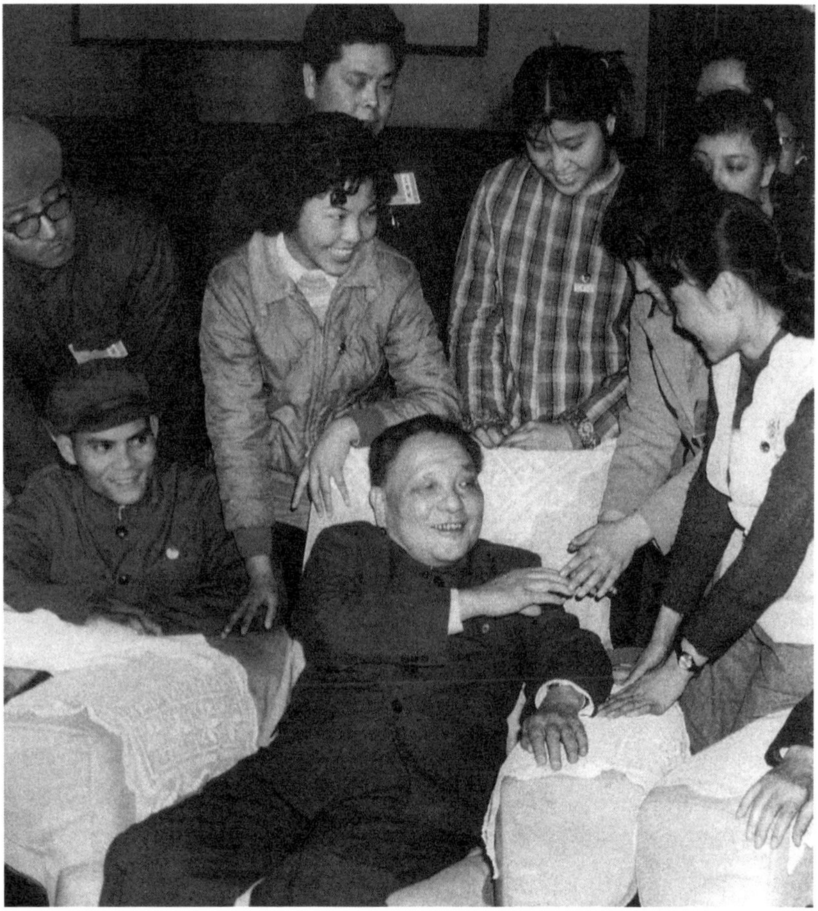

邓小平与青年人在一起　1982 年

视察首钢

1992 年 5 月 22 日是首钢人难忘的日子。一清早人们便聚在一起，等待着中国社会主义改革开放和现代化建设的总设计师——邓小平的到来。

上午 8 点 20 分，邓小平来到了首钢。在大家的簇拥下，邓小平走进月季园。正是夏初之际，园内姹紫嫣红，香气袭人。邓小平兴致勃勃，连声称赞。他把目光投向东边一座通体银白的高大厂房，首钢总公司的党委书记周冠五介绍那是首钢从比利时拆回建造的第二炼钢厂。邓小平点点头说："这是条捷径，水平也不低。"

随后，邓小平一行驱车前往炼铁厂 4 号高炉参观。邓小平先到控制室，与那里的值班人员一一握手，亲切问候。听说他们都是三四十岁的青年人，邓小平微笑着说："都是正当年。"

邓小平在距离控制台不远的地方坐下，满怀兴致地观看操作人员使用电子计算机控制高炉运行，同时听取了周冠五关于首钢改革方面的汇报。当听到首钢 1978 年开始改革时钢产量只有一百七十万吨，在国内八大钢厂中排名最末，这几年发展很快，钢产量已排到第二时，邓小平抬手指指自己的头说："主要是解放思想，换个脑筋就行了。脑筋不换，怎么也推不动，同样是忙忙碌碌、辛辛苦苦，可干起事来，慢慢腾腾，看不见新的气象。脑筋活了，想的面就宽了，路子也就多了，就更好了。"

裴淑英 / 文

邓小平视察首钢　1992 年

关心少年儿童

邓小平非常关心全国的少年儿童，“希望全国的小朋友，立志做有理想、有道德、有知识、有体力的人，立志为人民作贡献，为祖国作贡献，为人类作贡献”。他对少年儿童的爱心更体现在他的身体力行上。

1992 年 6 月 10 日，两位身着军便服的人走进中国青少年发展基金会，掏出三千元人民币捐给“希望工程”。按规定，基金会每接受一份捐款，都要为捐款人写上姓名，开具收据。这是一项严格的制度。但是来人只说：“请收下这笔钱，这是一名老共产党员委托我们捐赠的。如果一定要写，就写上一个老共产党员吧。”

10 月 6 日，这两个人又一次来到中国青少年发展基金会，仍然以“一个老共产党员”的名义再次捐赠二千元人民币。

经过多方了解，才知道那位不愿透露姓名的“老共产党员”是邓小平。于是基金会的同志将邓小平两次捐赠的五千元人民币全部用于邓小平曾战斗过的广西百色革命老区，资助这片红土地上失学的孩子返校读书。

失学的孩子倍受鼓舞。他们在写给邓小平的信中说：“当我们得知您以‘一个老共产党员’的名义向‘希望工程’捐赠了五千元钱，又得知中国青少年发展基金会把这笔钱用于救助我们百色革命老区的失学孩子时，我们激动地哭了……我们感到，虽然您住在北京，离我们好远好远，但您的心与我们贴得好近好近。”

武市红 / 文

邓小平和少年儿童在一起

外国人眼中的邓小平

1992 年 10 月，中共十四大开幕式在首都北京降下帷幕。与会的代表和记者们失望地发现，邓小平没有出席大会。对众多的新闻记者来说，没有目睹邓小平的风采固然遗憾，但邓小平没有出席十四大的新闻同样有价值。

日本时事社记者把这一消息传了回去，他固执地认为“大会的主角仍是邓小平”。

澳门《华侨报》报道：“中共最权威的领导人邓小平虽然没有出席首天大会，但是从总书记江泽民代表中央所做的政治报告中可以看到，邓小平及其改革开放理论是这次大会的灵魂和核心。”

南斯拉夫通讯社记者发回报道称：“中国改革的主要设计者邓小平为中国改革做出了历史性的贡献。”

印尼《国民先驱报》认为从十四大报告来看，“邓小平将是现代中国的导师和哲学家”。

邓小平迅速出现在世界各地的报刊上，葡萄牙有影响的《新闻日报》刊登了邓小平的大幅照片，法国《解放报》把邓小平的照片放在头版……

西方的分析家们说：“尽管邓自 1990 年 3 月以来已不担任公职，而且很少公开露面，但他仍然是中国所有重大政治决策的权威。这次党代会将使邓小平的理论具体化。”

大会进行期间，还发生了一段颇有趣味的小插曲：

10 月 13 日 11 时 30 分，《北京青年报》的一位记者在王府井南口突然被两位“老外”叫住，请他帮忙照张相。原来，这对老夫妇是英国

邓小平访问法国时受到法国人民的热烈欢迎　1975 年

《泰晤士报》的记者，为采访十四大来到北京。在十四大开幕式上他们没有见到邓小平，感到十分遗憾，见这里的大型宣传牌《历史的抉择》上有邓小平的画像，便想合影留念。《北京青年报》的记者十分高兴地满足了他们的心愿。

武市红 / 文

胜读百年书

上海是我国最大的工商业城市。邓小平非常看重上海的地位，认为上海的作用是其他地方无法替代的，他对上海寄予厚望。自1988年以后，他每年春节期间都到上海，视察上海的工作，对上海的改革开放和经济发展做出了许多重要的指示。上海以惊人的速度发生着巨大变化，短短几年时间便以崭新的姿态展现在世人面前。对此，邓小平由衷地感到欣慰。

1993年年末，邓小平又来到上海。12月13日上午，在上海市委书记吴邦国、市长黄菊的陪同下，邓小平视察建设中的浦东。这天寒风凛冽，细雨霏霏，气温很低。邓小平顶风冒雨，兴致勃勃地登上杨浦大桥，眺望热火朝天的浦东建设景象。在桥上，邓小平握着大桥建设总指挥朱志豪的手赞扬说："这是上海工人阶级的胜利。我向上海工人阶级致敬！"

接着，邓小平参观了新建成的内环线浦东段及罗山路、龙阳路两座立交桥。他心情十分愉快，情不自禁地吟出两句打油诗："喜看今日路，胜读百年书。"女儿在旁边忙问："今天怎么出口成章了？"邓小平回答说："这可是我的心里话呀！"说得吴邦国、黄菊等同志都笑了。

姜淑萍／文

邓小平参观上海南浦大桥　1992 年

心系足球

邓小平对足球的爱好始于20世纪20年代初他在法国勤工俭学时。那时他做工的收入刚够糊口，生活十分拮据。一次，为了观看一场国际足球比赛，他忍痛花去一天的饭钱买了一张门票，当然是最便宜的那种，以致在场内坐的位置太高，连球员的模样都没看清。自那时起，邓小平便与足球结下了不解之缘。风风雨雨数十载，看足球比赛一直是他难以割舍的业余爱好。

新中国成立后，邓小平成了足球场的常客，连在北京先农坛体育场娃娃队的比赛他也常去看。不但自己去，还带着他的孩子们去看，尽管他们看不懂。孩子们只好坐在休息室里喝汽水。等他们长大了，居然也都爱上了足球。

邓小平到现场观看比赛时，还发生过这样一个出乎预料又令人感动的场面。那是1973年“文化大革命”中，邓小平刚被解除软禁，尚未出来工作的时候，他去观看一场足球赛，本想悄悄地坐在主席台末排，不想他一进场便被旁边看台上的观众发现了，于是全场一万多名观众全体起立，热烈鼓掌。邓小平只好走到主席台的前排连连向观众们鼓掌致意。

有了电视转播以后，足不出户就可以看到精彩的球赛。这样，邓小平又成了足球赛电视转播的忠实观众。凡是世界大赛的转播他必定要看，如果一时没有时间，就让人录下来慢慢欣赏。1990年举行“世界杯”足球赛时，他正好已经退下来了，这下时间充裕了，连实况带录像，他足足看了五十场球赛。

姜淑萍／文

邓小平观看电视转播体育比赛　1990 年

革命伴侣

卓琳是1939年夏末经人介绍与邓小平相识的。当时，她只知道邓小平是个老红军，是位前线的抗日将领。但是，这个人到底是干什么工作的，担负着什么样的责任，她却一点儿也不清楚。是共同的革命理想和对生活的共同追求，把他们联系到了一起。1939年8月的一天傍晚，邓小平和卓琳在延安杨家岭毛泽东的窑洞前举行了简单的婚礼。几天以后，便双双启程奔赴太行山。在那个特殊的年代里，革命与生活，战争与爱情就是这样极为奇特、极为和谐地融合在了一起。

婚后的几十年，邓小平始终忙于工作，教育孩子的任务自然就落在了卓琳肩上。卓琳除了在生活上照顾孩子们之外，尤其注意给孩子们灌输科学知识。每个周末的晚餐后，她总要“讲授”各种各样的知识，诸如核裂变呀、连锁反应呀等等。

毛毛说:“我们的妈妈不仅在生活上照料我们，在思想上乃至在人生道路的选择上，对于我们来说，妈妈的影响力都是非同寻常的。妈妈是北京大学物理系的学生，结果我的哥哥、二姐和弟弟三人，也都相继选择了物理专业，而且也都考上了北大物理系。仅这一个例子就足以证明，在潜移默化之中，妈妈对我们的影响力之巨大。”

该如何评价卓琳呢？一位成功的男人背后的女人，一位慈爱的母亲！

武市红／文

邓小平与卓琳

桥牌高手

邓小平的女儿说她父亲生平有三大爱好：一是足球，二是言菊朋的京剧，三是桥牌。

打桥牌是邓小平于20世纪50年代在四川学会的，以后成为他繁忙紧张的工作之余极为有效的休息方式。邓小平自己也说："唯独打桥牌的时候我才什么都不想，专注在牌上，头脑能充分地休息。"后来邓小平逐渐从党和国家的领导岗位上退了下来，打桥牌更是成了他暮年寄情之所在，而他的桥牌技艺也日益精湛。

邓小平喜欢同桥牌高手一起打，用他自己的话说："打牌要同高手打嘛，输了也有味道。"

同他打过桥牌的人都有这样的印象：在桥牌桌前，邓小平思路敏捷，与牌友配合密切，叫牌果断，出奇制胜，显示出一种大将风度。同时他又是那样平易近人，和蔼可亲，在他身上看不到丝毫颐指气使的影子。

有一次，人称"桥牌皇后"的美籍华人杨小燕女士有幸与邓小平同桌打桥牌。落座后，杨女士微笑着说：

"我提个意见好吗？"

邓小平温和地说："行！"

"我们回来一次不容易，与您打牌更不容易，我能不能与您结对？"

邓小平爽快地说："好嘛！"并谦虚地说："这样更能提高我的牌艺。"

杨女士不禁喜上眉梢，又问邓小平使用哪种叫牌法。

"当然是精确叫牌法喽。"邓小平答道。

杨女士更加激动和高兴。因为精确叫牌法是她的丈夫发明并风靡全球的。

邓小平打桥牌

事后，杨小燕女士感慨地说：“桥牌就是一座桥，通过这座桥把成千上万的海外赤子之心与伟大祖国的命运联结在一起了。”

姜淑萍／文

逆境之中

“文化大革命”中，邓小平被加罪为“党内第二号走资派”。1969年林彪发布“第一个号令”后，他被遣送到江西进行劳动改造。随行的只有夫人卓琳和继母夏伯根。他们被安排在位于南昌郊区的新建县望城岗原步兵学校的一座两层小楼居住，在这里度过了三个艰难的春秋。

年逾花甲的邓小平承担起了家里的重体力活：清扫、拖地、劈柴、砸煤，等等。当时他们只能领取一点生活费，为了补充一些生活所需，三位老人在院子里拓出一片菜地，种上了各色菜蔬。邓小平每天上午到工厂劳动，下午就在菜地劳作，挖土、施肥、浇水、锄草，常常干得大汗淋漓。

精神上的打击，生活中的艰辛，都没有压倒邓小平，他以积极乐观的态度对待眼前所发生的一切。劳动之余，他利用所有可利用的时间读书，充实自己。每天黄昏时分，是他散步的时间。他总是绕着小院子不停地走，日复一日，年复一年，那红色的砂石地上竟然被他踏出了一条白色的小路。这是他锻炼身体的方式，也是他思考问题的方式。他一边走一边思索，思想更加成熟，信念更加坚定。

邓小平每天到新建县拖拉机修造厂劳动半天，无论刮风下雨，酷暑严寒，从不间断。时间一久，工人们逐渐为邓小平的言行举止、劳动态度和为人所深深感动，他们对这个“大走资派”产生了同情。随着时间的增加，工人们和邓小平夫妇的情谊愈加亲密起来。邓小平上工的路有一段十分泥泞，当时他已是近七十岁的人，难免步履不稳，有一次他滑倒摔了一跤。工人们知道后，立即悄悄地连夜把那段路修好了。到工厂劳动，不仅锻炼了邓小平的体魄，也使他从工人中得到了最好的精神安

在江西艰难的日子里，邓小平做了外公，他快慰地笑了

慰和支持，使他加深了对人民群众和当时社会状况的了解。

1973 年 2 月，根据中央通知，邓小平携全家返回北京，终于结束了江西的这段不寻常的岁月。

姜淑萍 / 文

读　书

邓小平爱读书。1969 年，他被迫离开北京时，经过批准把在北京的藏书几乎全部运到了江西。每天劳动之余就伏案读书。毛毛在《在江西的日子里》一文中写道："在那谪居的日子里，父母抓住时机勤于攻读，特别是父亲，每日都读至深夜。那几年之中，他们读了大量的马列著作，读了《二十四史》以及古今中外的其他书籍。对他们来说，能有时间如此坐下来读书，确也是难得的机会。我们到江西探亲时，父亲常给我们讲一些历史典故，有时还出题考我们。母亲也时常给我们讲述、议论一些书中的精辟之处。在读书中，他们抚古思今，受益匪浅。我父亲为人性格内向，沉稳寡言，五十多年的革命生涯使他养成了临危不惧、遇喜不亢的作风，特别是在对待个人命运上，相当达观。在逆境之中，他善于用乐观主义精神对待一切，并用一些实际的工作来调节生活，从不感到空虚与彷徨。在江西那段时间，他就主要用劳动和读书来充实生活，陶冶精神。"

在邓小平的革命斗争生涯中，有两个学识渊博的人对他产生了深刻的影响。一个是毛泽东，博古通今，谈吐间用典贴切，妙趣横生，意境深远；另一个是刘伯承，对知识孜孜以求，戎马倥偬中仍手不释卷。邓小平作为党的高级领导人，也是博览群书，学而不倦。每天上午 9 时至 10 时许，他都会在书房读报或听秘书读国内外报刊新闻摘要。当听到一些有兴趣的新闻时，他会叫秘书再读一遍。在读书与看报中，邓小平掌握了国际国内的大量信息，这些是他聪睿智慧的组成部分。

武市红／文

邓小平灯下夜读

我的身体完全合格

“五岳归来不看山，黄山归来不看岳。”这是明代著名旅行家徐霞客对黄山的赞美。风景壮丽、气象万千的黄山，吸引着国内外众多的旅游者。

1979年7月11日，黄山又迎来了一位不寻常的客人——邓小平。

邓小平酷爱体育运动，游泳、散步、登山、打桥牌，都是他喜爱的活动。现在，这位已七十六岁高龄的老人，又兴致勃勃地和家人一道攀登黄山来了。

黄山海拔一千多米，最大的三座主峰都在一千八百米以上。山路狭窄、崎岖，非常难走。望着山峰，邓小平的女儿惊叹道：“这么高的山，咱们能上去吗？”邓小平把手一挥，大声说道：“气可鼓不可泄！”他手拿木拐杖，脚穿布底鞋，裤腿卷过膝盖，精神抖擞，犹如一名出征的战士。

黄山管理处的同志为邓小平准备了两顶轿子，以备旅途中疲劳时用。但是邓小平始终没坐，一直坚持步行。走累了，他就在路旁的石凳上休息一会儿。从环境幽雅的慈光阁，经过半山寺，来到风景秀丽的玉屏峰，最后踏上百步云梯直至光明顶。六十里山路，邓小平一路谈笑风生，始终走在前面。

三天中，邓小平凭着他强健的体魄，顽强的意志，饱览了山川秀色。他自豪地说：“黄山这一课，说明我的身体完全合格！”

裴淑英 / 文

邓小平登黄山　1979 年

大学生的永久纪念

1979 年 7 月 11 日，邓小平攀登海拔一千八百米高的黄山。

登山之前，邓小平就和安徽省负责同志约法三章：不要妨碍群众游览；不要陪；不准搞特殊。但保卫人员为了安全起见，仍想控制一下上山游客的人数。邓小平发觉了，严肃地说："要让群众上山，不要搞得戒备森严。"

很快，邓小平正在登黄山的消息就传了开来。山上的海内外游客都盼望能有幸一睹邓小平的风采。许多游客赶到邓小平身边同他亲切交谈起来。邓小平那慈祥的目光，和蔼的微笑，使大家感到十分亲切，一点也不觉得拘束。

快到鳌鱼洞时，后面传来一阵急匆匆的跑步声。邓小平回头一看，是一位年轻姑娘气喘吁吁地跑上来。邓小平以为她有什么急事要赶路上山，忙招呼随行人员为她让路。但她却突然停下来，一把拉住邓小平的手激动地说："邓伯伯，您好！"她抹了一把脸上的汗水，大喘了几口气，接着说："我是上海复旦大学的学生，本来已经下山了，听说您老人家在这里，我们又赶了上来。"

"复旦大学什么系，是考进去的吗？"邓小平亲切地询问。

"是考进来的，在新闻系。"

"噢，难怪消息这样灵通。"幽默风趣的一句话把大家都逗笑了。

说笑间，又有几位女大学生赶了上来。她们拿出学生证请邓小平签字。邓小平高兴地接过学生证，认真地为她们签了字。大学生们有些不好意思地又请求说："我们还想跟您老人家合个影，行吗？"

"好哇，我们难得遇到一次嘛！"邓小平爽快地大声说。

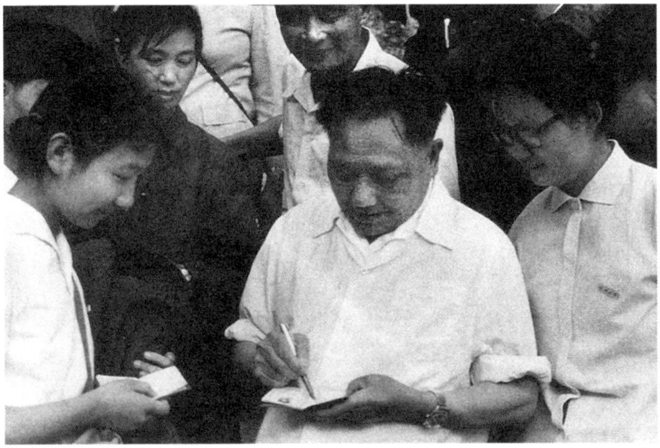

邓小平登黄山遇女大学生　1979 年

随着“咔嚓”一声，这一幕便成为大学生们永久的纪念。

裴淑英 / 文

击浪黄海

邓小平喜爱游泳，尤其喜爱在大海中游泳。水阔天舒，波涛起伏，方显出击水者的云水襟怀和刚毅本色。在一次又一次的政治风浪面前，邓小平沉着坚强，如履平地；在大海中他也总是劈波斩浪，勇往直前。

他常说：“我能游泳，特别喜欢到大海中去游泳，证明我身体还行；我打桥牌，证明我的脑筋还清楚。”游泳和打桥牌这两种运动，是体力和智力的交替松弛与反复磨炼，这无疑对邓小平构思和设计中国改革开放和现代化建设事业的宏伟蓝图起了积极的潜在的影响。

1983 年夏天，邓小平来到大连市延伸到黄海之滨的棒槌岛度假。当鲜红的太阳升上海面，新的一天来临时，邓小平便投入大海的怀抱。一下海，他就舒展双臂，从容地向海的深处游去。波涛凶猛，浪花一个接一个地向他扑来，然而他泰然自若，抖抖头发上的水，继续顽强地挥臂击水向前。

大海拂弄着他的身躯，海浪拍打着他的肌肤，九十多分钟过去了，邓小平依然精神抖擞，没有显出丝毫倦意。人们恐怕难以相信，当时的邓小平已年近八十高龄了。

邓小平喜爱到大海中游泳，他的襟怀就像大海那样深沉、宽广。

姜淑萍／文

邓小平下海游泳

哀兵必胜

围棋国手聂卫平经常被邀请同邓小平打桥牌。最初，他从邓小平身上领略到的是一种伟人的威严和恢宏大度的气概。接触时间久了，他渐渐感到邓小平同时也是一位平易近人的慈祥的前辈。在关键时刻，邓小平对他的关怀和激励使他终生难忘。

那是在第二届中日围棋擂台赛决赛的日子里。日本队因为在第一届擂台赛中输给了中国队，这一届请出了超一流的棋手同中国队决战。比赛中，当中国队只剩下聂卫平一人时，日本队的主力阵容还没有上场。对于聂卫平来说，这意味着后面每一盘棋都是决赛，形势十分严峻。当时聂卫平承受着多么大的心理压力可想而知。

决赛前的一个休息日，邓小平邀请聂卫平等人打桥牌。吃饭时邓小平举杯要同聂卫平干一杯。通常聂卫平会痛快地一饮而尽，但这次为了迎接即将到来的比赛，他没有举杯，而是让别人代劳，并解释说：“我戒酒了。”邓小平似乎觉察到了他的紧张情绪，便关切地问起比赛形势。聂卫平详细做了汇报。当汇报到中国队只剩下他一个人，而日本队还有五位八、九段高手时，邓小平沉思了片刻，用他那浓重的四川口音说了两个字：“哀兵”，谈话就结束了。聂卫平原以为邓小平会鼓励他几句或指示些什么，但是他没有再讲，只有“哀兵”两个字在聂卫平的耳际回荡。

紧随“哀兵”之后的是“必胜”两个字，邓小平没有讲出来，聂卫平揣摩出此语的深意，胸中涌动起一股热流，全世界公认的伟人都认为我能赢，我定能大获全胜。他浑身充满了勇气和力量，信心百倍地投入到比赛中。

邓小平与聂卫平在桥牌桌上较量　1986 年

比赛结果恰如邓小平所预料的那样，聂卫平取得了胜利。果真是“哀兵必胜”。

姜淑萍 / 文

请小平同志不要吸烟

吸烟是邓小平的一大嗜好，这一点尽人皆知。有人说，邓小平是中国头号烟民，此话并非指邓小平的烟瘾最大，而是就其政治地位而言。

说到邓小平吸烟，有一个有趣的故事。

1988 年 4 月 8 日，全国七届人大一次会议在人民大会堂举行投票，选举国家领导人。在主席台上就座的邓小平，投过票后回到自己的座位上，他忘记了大会的规定，习惯地点燃了一支香烟吸起来。

坐在台下的一位女代表看见这一情景，对邻座的代表说："全中国全世界都在大力宣传吸烟危害健康，邓小平同志为什么烟瘾这么大，开大会还吸烟？"

他们商量后决定向邓小平提个意见。于是，这位女代表写了一个"请小平同志在主席台上不要吸烟"的小字条，通过工作人员递上了主席台。

工作人员将字条送给一位中央领导人，这位领导人又笑着递给邓小平。邓小平看后会心地笑了，他连连点头，并立即把正在吸着的烟熄掉。之后，邓小平在主席台上再也没有吸烟。这件事虽小，但表现了邓小平虚心听取群众意见的宽广胸怀，所以很快便被传为佳话。那位写字条的女代表后来提起此事就高兴地说："邓小平同志这样认真地接受意见，真使我们非常感动。"

1989 年邓小平从领导岗位上完全退下来以后，出于健康的考虑，他开始戒烟。

对于一个有长期"烟史"的人来说，戒烟无疑是一件需要有坚韧不拔的毅力才能做到的事。为了不使戒烟半途而废，他就吃鱼皮花生以转

持烟的邓小平

移注意力。一天、两天，一个月、两个月……他终于忍痛割爱，逐渐把烟戒掉了。

姜淑萍／文

退休以后

多年来邓小平一直有一个心愿，就是趁身体健康的时候从领导岗位上退下来。自 20 世纪 80 年代开始，他力排众议，带头退出一些领导职务。1989 年 9 月 4 日，邓小平向中央提出辞去最后一个职务——中央军委主席的请求。1989 年 11 月 9 日，中共十三届五中全会通过决议，同意了他的请求，邓小平的夙愿终于实现了。

邓小平兴奋地对家人畅谈他退下来以后的生活设想："退休以后，我最终的愿望是过一种真正的平民生活，生活更加简单一些，可以上街走走，到处去参观一下。"

邓小平真的过起了儿孙绕膝的恬静生活。每天，他按时起床，按时就餐。上午通常阅读文件和报刊。下午大多是约牌友来打桥牌。退休后他有了更多的闲暇时间，自然地，逗逗最心爱的小孙子也就成了他的"保留节目"。

不过，作为一个为党和人民的事业奋斗、操劳了一生的革命家，邓小平没有沉湎于闲情逸致中，他仍然时刻关注着祖国的前途和命运。正如他在辞职信中所写的："作为一个为共产主义事业和国家的独立、统一、建设、改革事业奋斗了几十年的老党员和老公民，我的生命是属于党、属于国家的。退下来以后，我将继续忠于党和国家的事业。"1992 年初，他以八十八岁的高龄视察了深圳、珠海、上海等地，为中国的进一步腾飞而奔走疾呼。

姜淑萍 / 文

邓小平与小孙子嬉戏

亲　情

谈起父亲，邓小平的长子邓朴方曾说，他不苟言笑，但是我们觉得家里很温暖。在家里，他是父亲，不是领导，就是这么一种感觉。他对我们很好，所以我们兄弟姊妹一直很亲密，我觉得一切都很自然。

“文化大革命”期间，邓小平被软禁，邓朴方因受迫害致残。很久之后邓朴方才得以重见父亲和家人。当时大家开心地哭，也开心地笑。晚上卓琳帮他脱下又臭又脏的衣服，邓小平一遍又一遍地用毛巾替他擦身，仔细询问他的病症。邓朴方告诉父亲：“胸口以下都不是我的了，已经没有知觉了。”母亲和祖母都忍不住哭了。邓小平凝视着爱子，不发一语。在江西的日子里，邓小平每天给儿子洗澡、翻身。他每次都先把热水烧好，再和其他两位老人把邓朴方抬进洗澡间，在热气腾腾的蒸汽中，一遍又一遍地给儿子擦洗，绝不马虎，天天如此，从不间断。

到了邓小平晚年，邓家已是个大家庭，全家非常和睦。晚餐邓小平要求家人到齐才开饭。1990 年秋天，邓小平的女儿从广州返京，由于飞机误点，回到家已近晚上 9 点。邓小平硬是等她到了才开饭。邓小平很留意孩子们的胃口，发现谁饭吃得少了就会关切地询问：“是否身体不舒服，去看过医生吗？”

每逢过节，邓小平总是叫工作人员早早回家团聚，煮饭烧菜的任务就由卓琳和女儿们担当。每次吃饭，邓小平总要为夫人和女儿倒上一杯葡萄酒，说声：“辛苦了，节日的厨师，我来敬你们一杯！”

武市红 / 文

邓小平的全家福（左起：卓琳、邓榕、邓朴方、邓小平、邓质方、邓楠、邓琳）
20 世纪 60 年代

初版后记

1994年是中华人民共和国诞生四十五周年，我们编辑了《毛泽东的故事》《周恩来的故事》《刘少奇的故事》《朱德的故事》《邓小平的故事》《陈云的故事》，作为《共和国领袖的故事》丛书献给共和国的节日。

中共中央文献研究室的同志为编辑出版这套丛书付出了辛勤的劳动，特别是刘武生、陈绍畴、李洪才、汪作玲、朱佳木等同志，在百忙中审阅各册书稿；新华社摄影部、中国革命博物馆提供了部分照片，在此，我们谨向他们表示感谢。

《共和国领袖的故事》

摄影作者名单

王光美	方　艺	乔治·洛蒂	刘东鳌	齐观山	齐铁砚
吕相友	吕厚民	李生南	李学增	杨绍明	杨震河
吴化学	吴振英	杜述周	杜修贤	何　谦	邹健东
孟庆彪	孟昭瑞	张　彬	侯　波	袁汝逊	夏道陵
徐大刚	徐肖冰	钱嗣杰	唐理奎	梁伯权	谢丰泉

塔吉·古拉（注：部分照片因年代久远，作者不详。）

《邓小平的故事》

执行主编：姜淑萍

责任编辑：骆振龙　米　河

装帧设计：路　石

1994年8月

再版后记

这是一套以图文并茂的形式，生动讲述党的第一代中央领导集体重要成员在工作、生活与情感世界中所发生的点滴故事的图书。今天距离它初次出版已经三十年了，但翻看这些历史照片，阅读照片背后的故事，仍然会让我们有种莫名的激动。我们仿佛走进了他们的日常生活，近距离地感受着他们的言谈举止和人格魅力。

这些共和国领袖，是伟大的无产阶级革命家，是新中国的缔造者和建设者，是党的优良作风和光荣传统的践行者。他们身上凝聚着共产党员的优良品德，是我们学习的榜样。榜样的力量是无穷的，我们相信书中的每个故事都能引起新一代读者的心灵共鸣。

讲述共和国领袖的故事，是讲好中国故事，尤其是讲好中国共产党的故事的重要组成部分，是党史学习的生动教材，是传承红色基因的有效方法。这套图书正是展现老一辈无产阶级革命家为人处世、理想信念、人生境界等方面的重要载体，值得我们深入体会、不断感悟。

这套图书曾荣获中宣部第四届精神文明建设“五个一工程”奖和第七届浙江树人出版奖。此次再版，我们对图文内容的结构和顺序做了调整，使图书整体脉络更为清晰；对于一些历史事件的描述，我们保留了当时一些约定俗成的说法，部分内容在保持基本不变的基础上，根据现有规范要求做了一些修正。

在庆祝新中国成立七十五周年之际，重新出版此书，也是对老一辈革命家的深切怀念。

浙江人民美术出版社

2024 年 9 月

图书在版编目（CIP）数据

邓小平的故事 / 李琦，梁平波主编；奚天鹰，刘敏副主编. -- 杭州：浙江人民美术出版社，2024. 9.
(共和国领袖的故事). -- ISBN 978-7-5751-0303-9

Ⅰ. A762-49

中国国家版本馆CIP数据核字第2024ME3170号

出版统筹　李　芳
责任编辑　徐寒冰　郭哲渊
美术编辑　吴　杭
封面设计　刘　金
责任校对　钱偎依
责任印制　陈柏荣

共和国领袖的故事

邓小平的故事

李琦　梁平波　主编　　奚天鹰　刘敏　副主编

出版发行　浙江人民美术出版社
（杭州市环城北路177号）
电　　话　0571—85174821
经　　销　全国各地新华书店
制　　版　浙江新华图文制作有限公司
印　　刷　浙江海虹彩色印务有限公司
版　　次　2024年9月第1版
印　　次　2024年9月第1次印刷
开　　本　787mm×1092mm　1/24
印　　张　4.833
字　　数　120千字
书　　号　ISBN978-7-5751-0303-9
定　　价　38.00元